AF468872

EXAMEN

DE LA QUESTION

SI UNE GUERRE MARITIME

NE SEROIT PAS PLUS A REDOUTER

POUR L'ANGLETERRE QUE POUR LA FRANCE.

IMPRIMERIE DE C. J. TROUVÉ,
rue des Filles-Saint-Thomas, n° [illegible]

EXAMEN

DE LA QUESTION

SI UNE GUERRE MARITIME

NE SEROIT PAS PLUS A REDOUTER

POUR L'ANGLETERRE QUE POUR LA FRANCE,

PRÉCÉDÉ DE QUELQUES OBSERVATIONS

Sur l'art des évolutions navales, sur les forces maritimes des deux nations, et terminé par quelques réflexions sur la réalité de la puissance anglaise;

PAR LE COMTE

LOUIS DE VILLENEUVE-HAUTERIVE,

ANCIEN OFFICIER DE MARINE.

Anglomanie n'est pas française.

A PARIS,

CHEZ C. J. TROUVÉ, IMPRIMEUR-LIBRAIRE,

RUE DES FILLES-SAINT-THOMAS, N. 12.

MDCCCXXVI.

EXAMEN
DE LA QUESTION
SI UNE GUERRE MARITIME
NE SEROIT PAS PLUS A REDOUTER
POUR L'ANGLETERRE QUE POUR LA FRANCE.

Les événements et les résultats des trente dernières années, semblent avoir établi la supériorité de la puissance de l'Angleterre; et avancer aujourd'hui qu'une guerre seroit plus à redouter pour l'Angleterre que pour la France, paroîtra sans doute un paradoxe aux yeux des hommes toujours éblouis des résultats. Telle est toutefois l'opinion que j'ose hasarder.

La question que je soulève est d'une si grande importance pour le bonheur et la gloire de mon pays, que je ne dois la présenter qu'avec une sorte de timidité. A Dieu ne plaise que je desire voir la France entraînée dans de nouvelles guerres!

quelques succès qu'on pût se flatter d'obtenir, ils seroient toujours achetés trop cher par la perte des hommes, et par les charges publiques que le Gouvernement se trouveroit obligé d'imposer ; ce n'est pas d'ailleurs de la bouche d'un vieux marin, qui ne pourroit y prendre part que par ses vœux, que doivent se faire entendre des cris de guerre. Mais, en osant traiter une question si importante, je crois remplir un devoir, et ce motif seul a pu m'encourager à essayer d'affoiblir dans l'opinion publique ce préjugé si pénible pour un Français, d'une supériorité à jamais acquise à l'Angleterre. Que d'autres personnes plus habiles que moi veuillent bien soutenir de leurs talents cette noble cause, et peut-être serons-nous plus assurés de jouir d'une paix honorable et solide, puisqu'elle seroit fondée sur notre dignité, sur la conscience de notre puissance, et sur les intérêts respectifs des deux nations.

Avant d'entrer dans mon sujet, je crois utile de présenter succinctement quelques idées sur la marine, et de rappeler quelques faits.

Deux parties distinctes composent l'instruction nécessaire pour former des officiers en état de diriger une escadre.

1°. La pratique de la navigation dans tous les climats : de là dérive la nécessité d'entrer bien jeune au service, afin de former les tempéraments à une vie pénible, à la variété des climats, et d'accoutumer le moral des marins aux dangers et aux accidents de tout genre.

2°. La connoissance approfondie des mathématiques, surtout de l'astronomie; un cours d'architecture navale et d'arrimage, sont aussi nécessaires. Sans doute l'expérience pratique et ces connoissances peuvent servir aux marins pour conduire un vaisseau; mais cela ne suffit pas pour diriger une escadre devant l'ennemi.

En effet, il n'en est pas sur mer comme sur terre, où un général peut préparer ses plans d'opération à l'aide d'excellentes cartes, ordonner la marche de ses colonnes, porter, à l'insu de l'ennemi, de fortes masses sur un point déterminé, et calculer avec une grande précision le moment de ses attaques.

Sur mer, on ne peut former de plans à l'avance : un général aperçoit l'ennemi, il forme tout de suite sa ligne; s'il est au vent, il arrive insensiblement pour engager le combat. Ce seront les circonstances qui le mettront en mesure, soit de couper la ligne ennemie, soit de doubler l'avant-garde, de la placer entre deux feux, et de l'écraser avant qu'elle puisse être secourue. Ces diverses manœuvres exigent, de la part du général, une grande précision de coup-d'œil, une exécution prompte, et des connoissances positives de la tactique navale; et, de la part des équipages, une grande habitude du service pour exécuter rapidement toutes les manœuvres nécessaires; car c'est surtout sur mer que les moments sont précieux. Qu'il me soit permis de rappeler par un exemple le prix d'une occasion perdue, et d'en observer les graves conséquences.

Trois jours avant la bataille du 12 avril 1782, dans les mers des Antilles, le comte de Grasse louvoyoit avec son escadre pour remonter au vent des *Saintes*, entre ces îles et la Dominique. L'escadre de l'amiral Rodney, supérieure de huit vaisseaux, étoit à sa poursuite; elle étoit obligée de longer l'île de la Dominique, avançant lentement à cause des calmes que le voisinage des terres occasionne. Son avant-garde seule étoit parvenue dans le canal des *Saintes*. M. de Vaugiraud, major-général de l'escadre française, proposa au comte de Grasse de faire *arriver* l'escadre vent arrière, de couper (ce qui étoit très-facile) les douze vaisseaux anglais qui s'étoient aventurés, et, en s'en emparant, de rester maître de la mer. Le comte de Grasse hésite; il objecte que deux de ses vaisseaux sont en calme assez près du corps de bataille ennemi, et qu'ils tomberont alors entre ses mains. Eh! que vous fait la perte de deux vaisseaux, répond le major-général, quand nous en prenons douze, quand la victoire est certaine? voilà votre bâton de maréchal de France, et une paix glorieuse conquise. Il insiste, supplie instamment; mais le comte de Grasse hésite encore. L'avant-garde anglaise, s'apercevant du danger, revire de bord pour se rapprocher de son escadre. Alors le général français fait signal au marquis de Vaudreuil d'attaquer l'ennemi; mais il étoit trop tard, le moment favorable étoit manqué; on échangea quelques coups de canon, et peu de jours après arriva la fatale journée du 12 avril, qui n'eût pas eu lieu, si le comte de Grasse eût saisi l'instant propice (1).

Souvent un changement dans la direction du vent amène des circonstances imprévues, dont un général habile doit profiter : la belle campagne du comte de Guichen, contre l'amiral Rodney, en fournit un exemple. Un changement de vent avoit mis les Anglais en mesure de couper la ligne française; encore quelques instants, et le salut de l'escadre étoit compromis; c'étoit dans la nuit. M. de Buor, major-général de l'escadre, prend sur lui de faire le signal à l'avant-garde de virer de bord tous à la fois, et de courir en échiquier former l'arrière-garde. Par cette

(1) Je tiens ces détails du comte de Vaugiraud.

belle manœuvre, qui fut exécutée avec une grande précision, l'escadre anglaise fut obligée de tenir le vent, et de s'éloigner.

La fixation des grands principes propres à diriger les évolutions navales, ne remonte qu'à quelques années avant la guerre de l'indépendance des États-Unis, et c'est aux Français qu'est due la gloire d'avoir créé, pour ainsi dire, la science navale. Avant cette époque, comme dans le siècle brillant de Louis XIV, les évolutions navales n'étoient pas soumises à des règles positives : on se formoit en ligne ; souvent on manœuvroit plusieurs jours pour tâcher de gagner le vent ; si on y réussissoit, on croyoit avoir remporté un grand avantage, tandis que maintenant il y a un grand nombre de circonstances où il est plus avantageux de combattre sous le vent (A).

Ces combats, pour ainsi dire corps à corps, étoient remarquables par une brillante bravoure ; mais il arrivoit rarement qu'une manœuvre habile décidât du succès. On faisoit un grand usage des brûlots ; on s'efforçoit d'aborder son ennemi, manœuvre devenue difficile depuis les changements qui se sont opérés dans notre architecture navale. Les combats particuliers se passoient très-souvent en *panne*, et les résultats étoient livrés aux effets plus ou moins heureux de l'artillerie. A présent, des manœuvres habiles, des bordées de canon bien dirigées dans l'avant ou l'arrière de l'ennemi, peuvent donner la victoire, même à force inférieure (1).

C'est à MM. d'*Orvillers*, *Duchaffaud*, *Dupavillon*, et plus tard, à MM. *de Buor*, *Vaugiraud*, *Froger de l'Éguille*, et *Missiessy*, que nous devons la fixation des principes d'évolutions navales. M. de Buor fit faire un grand pas à la science, en publiant son système de tactique navale, où l'on vit toutes les manœuvres soumises à des règles positives.

La guerre de l'indépendance américaine venoit de se terminer d'une manière glorieuse pour la marine française. Quatorze combats d'escadre, dont un seul avoit été à notre désavantage; la conquête de la Dominique, de Saint-Christophe, de la Grenade, de Tabago, de Saint-Vincent, de Saint-Eustache; les établissemens de la côte d'Afrique conquis; ceux de la baie d'Hudson détruits; les belles campagnes de M. de Suffren, dans l'Inde, où notre importance politique, qui avoit jeté un si grand éclat sous Dupleix, avoit été rétablie par notre alliance avec Hyder-Aly;

(1) L'usage des brûlots et de l'abordage semble appartenir à l'enfance de l'art. C'est ainsi que nous voyons les Grecs tirer un grand parti de leurs brûlots, contre un ennemi dont l'ignorance, en fait de marine, est au-dessus de toute idée.

enfin, un grand nombre de combats particuliers, presque tous glorieux pour les Français : tous ces grands résultats auroient dû, ce me semble, fixer l'attention publique, et obtenir au corps de la marine la justice qui lui étoit due; mais à cette époque *l'anglomanie* étoit dans toute sa vogue; on n'osoit pas convenir que la France pût disputer à l'Angleterre l'empire des mers. On se plaisoit à exalter la puissance anglaise, qui avoit pu résister aux efforts de trois marines, et on oublioit que la Hollande ne nous avoit fourni aucun secours, tandis que M. de Suffren lui conservoit ses possessions; que l'Espagne, par un aveuglement inconcevable, avoit paralysé ses forces et une partie des nôtres, devant le rocher de Gibraltar, devenu ainsi pour l'Angleterre un allié bien utile; d'ailleurs, l'avantage qu'avoient les vaisseaux anglais d'être doublés en cuivre, tandis que ceux des Espagnols, et même une partie des nôtres, ne l'étoient pas, donnoit aux amiraux anglais la facilité d'attaquer ou de refuser le combat. Enfin, en résultat, l'alliance de l'Espagne et de la Hollande nous avoit été plus à charge qu'utile, et avoit cependant fourni aux Anglais les moyens de soutenir la guerre par les nombreuses prises que leur procuroient la marche de leurs vaisseaux et leurs nombreux corsaires.

La paix fut signée en 1783. Le Gouvernement,

desirant perfectionner l'instruction des officiers, et leur rendre familiers les principes de la tactique, ordonna l'armement d'escadres d'évolutions. Les résultats en furent avantageux ; le corps, composé de jeunes officiers pleins de zèle et des grands souvenirs de la guerre d'Amérique, acquit une masse de connoissances théoriques et pratiques telles, que j'oserois croire que si, en 1787, la guerre eût eu lieu lors des troubles de la Hollande, elle eût été glorieuse pour la France, malgré les avantages que donnent aux Anglais leur organisation maritime, et la direction de leurs expéditions confiée au conseil de l'amirauté.

Cet objet est d'un si grand intérêt, que je crois devoir donner quelques notions sur les différences d'organisation qui existent entre les deux marines.

Le conseil de l'amirauté anglaise étant formé d'anciens officiers d'une grande réputation, présente une réunion de connoissances nautiques, et une expérience de navigation dans toutes les parties du globe. Sur terre, toutes les combinaisons militaires ont, pour ainsi dire, des bases fixes : on peut former des plans sans avoir une expérience pratique de la guerre ; et c'est ainsi qu'on a vu le marquis de Louvois et Carnot, qui avoient fort peu fait la guerre, former des plans de campagne d'une grande habileté. Sur mer, au contraire, l'expérience est la base essentielle ; il faut tout combiner; il faut connoître les parages, et les époques où les vents régnants peuvent faciliter ou contrarier les expéditions, les temps d'hivernage sur les divers points du globe, les changements de moussons, la direction des courants (B); il faut prévoir enfin les divers lieux de relâche, soit en cas d'avarie, soit comme ressources pour les approvisionnements nécessaires. Il n'y a donc qu'une longue expérience qui puisse donner les moyens de combiner des plans de campagne. Sur mer, et sous ce point de vue, l'amirauté anglaise présente des avantages que l'on ne peut pas se flatter d'obtenir d'un ministre de la marine en France, et des chefs de bureaux, quelques talents administratifs qu'on leur suppose, mais qui, n'ayant aucune connoissance pratique de la marine, ne peuvent suppléer une réunion composée de vieux marins d'un mérite reconnu (1).

Je vais présenter à présent le mode d'avancement de la marine anglaise.

Le premier échelon de service est celui de *midshipman;* on doit servir six ans dans ce grade; on passe ensuite à celui de lieutenant; on est

---

(1) Il est juste de dire que l'on a formé dernièrement un comité de marine auprès du ministre; mais son organisation et ses attributions sont loin de présenter les avantages de l'amirauté anglaise.

alors susceptible de commander des bâtiments de guerre, et même d'être nommé au grade de capitaine de vaisseau, sans suivre le rang d'ancienneté : c'est ainsi qu'on voit souvent, dans les escadres anglaises, des vaisseaux de ligne commandés par de jeunes capitaines, tandis que des officiers plus anciens préfèrent le commandement des frégates, à cause de l'indépendance dont ils jouissent. Il résulte de cette organisation que les capitaines des vaisseaux de ligne sont plus soumis à leurs amiraux, plus actifs, plus zélés pour le service, et animés de cet enthousiasme de la jeunesse, qui fait desirer si vivement les occasions de se distinguer (1). Il existe alors moins de cet esprit de rivalité et de jalousie dont nous avons éprouvé quelquefois les funestes effets.

Une de leurs institutions vraiment admirable, et qui remédie aux inconvénients de confier les vaisseaux de ligne à de jeunes capitaines, est celle de leurs *masters*, sorte de sous-officiers plus rele-

---

(1) Dans l'organisation anglaise, le crédit et la fortune sont des conditions, non de droit, mais de fait, pour parvenir aux grades supérieurs. Il en résulte que les lieutenants de vaisseaux, excepté ceux d'un mérite supérieur, ou qui se sont distingués par des actions d'éclat, restent toute leur vie dans ce même grade. Il est aisé de voir que cette organisation ne s'accorderoit ni avec nos anciens usages, ni avec nos institutions actuelles.

vés que nos maîtres d'équipage. Le master est chargé de tous les détails intérieurs du vaisseau, de l'instruction de l'équipage, de la surveillance, de la police et des études des *mischipmen ;* il épouse, pour ainsi dire, son navire, qui ne navigue presque jamais sans lui. De cette manière, il conn ît parfaitement les avantages et les inconvénients de construction, et les procédés nécessaires pour obtenir une marche rapide. On conçoit aisément de quelle utilité doit être, pour de jeunes capitaines, l'expérience éclairée de vieux marins, n'ayant d'autre ambition que d'obtenir, par de longs services toujours dans le même grade, une retraite honorable.

En France, on n'exige pas autant de connoissances des maîtres d'équipage ; chaque capitaine choisit celui qui lui convient : c'est le lieutenant en pied qui est chargé de tous les détails de l'armement : il consulte, à cet effet, les diverses notes des officiers qui ont rempli les mêmes fonctions sur ce bâtiment, et ce n'est souvent qu'à force d'essais et de tâtonnements qu'il obtient un résultat satisfaisant. Quelquefois ce résultat tient à une circonstance légère, que l'expérience du *master* auroit aisément prévenue (C).

L'organisation des vaisseaux anglais et le mode d'avancement présentent donc des avantages qui tiennent à leurs institutions. Le matériel de leurs armements leur donne encore une supériorité que nous devons ambitionner d'atteindre. Leurs chanvres, tirés en partie de Russie, sont soumis à de fortes épreuves, afin d'obtenir des cordages d'une grande solidité (D). Rien n'est épargné pour fournir la marine royale d'excellentes mâtures de Russie et des cuivres de Suède de première qualité.

Mais quant à la construction des bâtiments, la supériorité est, sans nul doute, due à la France, et c'est une justice que les Anglais eux-mêmes nous rendent, puisqu'en 1806 le parlement reçut un rapport qui établissoit que la construction des vaisseaux français étoit la plus savamment calculée. Il est difficile, en effet, de construire de meilleurs vaisseaux, de plus de durée (1), et susceptibles d'une marche supérieure; et, sous ce rapport, nos ingénieurs constructeurs auroient atteint la perfection, s'ils ne se livroient pas à un luxe de dimensions que j'oserois croire plus désavantageux qu'utile. S'il m'étoit permis d'avoir une opinion sur ce sujet, il me paroîtroit que nos vaisseaux à trois ponts ne devroient être que de

(1) Dans ce moment, la marine anglaise est menacée d'un danger bien grave; je veux parler de cette carie sèche qui attaque leurs vaisseaux, les détruit dans peu d'années, et contre laquelle on n'a pas encore trouvé de préservatif.

la grandeur des 96 anglais. Ils seroient ainsi plus faciles à manœuvrer, tandis que les grands vaisseaux de 120 canons occasionnent dans les évolutions d'escadres des retards qui peuvent avoir de graves inconvénients. D'ailleurs, les frais de construction étant infiniment au-dessus, proportion gardée, des autres vaisseaux à trois ponts, ne permettent pas de les multiplier, et c'est encore un avantage que les Anglais ont sur nous : aussi on a vu souvent dans leurs escadres neuf vaisseaux à trois ponts placés trois par trois, de manière que dans le combat la supériorité de l'artillerie, réunie pour ainsi dire en masse, écrase facilement les vaisseaux de 74 qui leur sont opposés. De plus, ces grands bâtimens ayant un tirant-d'eau considérable, échouent facilement, et peuvent compromettre le salut de l'escadre; ils exigent aussi des équipages nombreux et des hommes choisis.

En 1788, les forces maritimes de la France se composoient de quatre-vingt-dix vaisseaux de ligne, dont neuf à trois ponts, cent frégates, et soixante-dix mille matelots classés. Le corps des officiers, formé par la guerre maritime et par quatre campagnes d'évolutions, donnoit de grandes espérances.

Tel étoit l'état de notre puissance navale lorsque la révolution éclata. Les meneurs crurent devoir désorganiser la marine, et ils fomentèrent dans tous les ports et sur les vaisseaux les plus dangereuses insurrections. Sous le prétexte de noblesse et d'aristocratie, les officiers furent insultés, quelques-uns massacrés, et presque tous obligés de quitter leurs départements. Bientôt, à la voix de leurs princes, le corps presqu'entier des officiers se réunit en Allemagne, et forma une légion, où l'on voyoit un chef d'escadre (le comte d'Aymar), décoré du cordon rouge, digne récompense de la perte d'un bras, marcher le sac sur le dos à la tête de sa compagnie.

Au moment de l'émigration, un certain nombre d'officiers se trouvoient employés dans les diverses stations de l'Inde et des Antilles. A leur retour en France, ils trouvèrent la révolution dans toute sa force; et ne pouvant aller se réunir à leurs camarades dispersés alors dans toute l'Europe, les uns cherchèrent à être utiles à la cause royale dans la Vendée et dans Toulon; d'autres essayèrent de rentrer au service, malgré les dégoûts dont on les accabloit et la méfiance qu'ils inspiroient. Quelques-uns, cédant à l'ambition, ou peut-être aussi à un sentiment d'animosité nationale contre les Anglais, acceptèrent des commandements.

Je n'entrerai pas dans les détails des désastres maritimes qui signalèrent la sortie de nos escadres, et qu'on ne doit pas attribuer aux officiers qui commandoient à cette époque, mais plutôt au défaut de discipline, au peu d'ensemble, et à cette méfiance contre leurs chefs, que les matelots et les bas-officiers avoient puisée dans les clubs. Avec les Français, et surtout avec les matelots du Midi, la confiance dans les chefs est le garant de la victoire (E). Ce n'étoit pas la bravoure qui manquoit alors, puisqu'on peut citer des traits de courage et de dévouement admirables, et on auroit pu dire que l'honneur et la gloire s'étoient réfugiés sur les vaisseaux comme dans les camps (1).

Au reste, j'oserois croire qu'on ne devroit pas attribuer les succès des Anglais à la perfection de la tactique, mais plutôt à leur confiance dans la supériorité de leurs forces, et dans l'armement complet de leurs vaisseaux. Sous ce point de vue, ils n'ont pas perfectionné la science navale (F). Il n'en est pas de même des autres parties; et les Américains même ont fait faire de si grands progrès à l'architecture navale, qu'il semble positif que, depuis dix ans, la marine se perfectionne plus en Angleterre qu'en France, et plus en Amérique qu'en Angleterre.

---

(1) Dans le nombre des officiers qui soutinrent la réputation de l'ancien corps de la marine royale, on doit distinguer M. le comte de Caffarelly, le comte de Missiessy et le comte d'Augier.

Je citerai, dans le nombre des changements avantageux, l'augmentation de la force et du nombre de l'artillerie.

On a construit des vaisseaux de ligne dont la poupe, au lieu de galerie, présente un arc cintré qui porte quatre bouches à feu à chaque galerie.

On a essayé de diviser la cale en divers compartiments, afin qu'en cas de voie d'eau il fût plus facile d'y remédier.

On a introduit en Angleterre l'usage des câbles en fer. Partout les Anglais remplacent les matières peu solides par celles qui sont durables et résistantes, et c'est ainsi qu'ils se servent des liaisons de fer au lieu de celles en bois, des bouées et des caisses à eau en tôle; ils ont même essayé des mâts en fer (1). En France, la fabrication de nos cordages a été perfectionnée à un très-haut degré. On s'occupe aussi de changements importants; nos vaisseaux de 74 pourront porter 94 canons; ce seroient vingt-huit de 36, trente de 24, et trente-six caronades de 36.

Le moyen d'augmenter la supériorité de l'artillerie, sans augmenter la capacité des vaisseaux, consiste à réduire la distance des sabords, la hau-

(1) On peut consulter à ce sujet les excellents ouvrages de MM. Paixhant et Dupin.

teur des ponts, et à diminuer le poids et le volume des pièces et affûts (1) ; à simplifier les manœuvres, et par conséquent le nombre des hommes, et à placer des bouches à feu dans toutes les parties du navire qui en sont susceptibles. M. Paixhaut présente sur ce sujet des vues d'un grand intérêt.

Les divers aperçus que je viens de présenter m'ont paru nécessaires pour faire bien saisir les moyens d'exécution du système de guerre que je propose.

Une guerre maritime est plus à redouter pour l'Angleterre que pour la France.

Je vais examiner cette question.

Pendant les vingt dernières années qui ont précédé la restauration, la guerre maritime a été, j'oserai le dire, conduite d'une manière contraire

(1) Nos affûts, soit sur mer, soit sur terre, sont encore susceptibles de perfection, à en juger par la belle expérience que vient de faire M. le général vicomte Levavaseur, commandant de l'artillerie à Toulouse. Ce général, avec cent soixante-dix chevaux et des pièces de 8, a fait, dans l'hiver, plus de deux cents lieues au pied des Pyrénées, faisant la comparaison des affûts anglais et français. Ils ont franchi des vallons, escaladé, pour ainsi dire, les premières hauteurs des montagnes, du côté de Barèges ; ils sont même parvenus au trou *Malet;* et dans tous ces essais, souvent très-dangereux, l'affût selon le système anglais a eu une supériorité évidente.

aux intérêts et à la position de la France. Les comités de marine crurent pouvoir improviser des amiraux, comme ils créoient des généraux pour les armées de terre. Oubliant que le corps presque entier des officiers étoit dispersé, et que la destruction des colonies ayant anéanti le commerce, nous avions perdu les moyens de former de bons matelots, ils voulurent diriger les opérations de la guerre d'après les anciens errements : on arma donc des escadres, on livra des combats, on se battit avec un grand courage ; mais les résultats en furent constamment malheureux, non-seulement par la perte successive de nos vaisseaux, mais encore par l'influence politique que donna aux Anglais cette puissance maritime regardée dès-lors comme invincible.

Appuyée sur les souvenirs de ses triomphes et sur un commerce presque universel, l'Angleterre semble pouvoir braver impunément les forces militaires des autres puissances, et on ne doit pas être surpris si cette confiance dans ses forces a donné à sa diplomatie des formes un peu tranchantes, peu flatteuses pour les cabinets de l'Europe (1).

---

(1) Sous le rapport de notre dignité, notre position est si peu convenable, que l'opinion publique s'accoutume à lire

Ce n'est donc pas d'après l'ancien système de guerre qu'il faudroit agir contre l'Angleterre.

Je mettrai de côté le grand armement des bateaux plats de Boulogne ; cette entreprise me paroît avoir été une mystification sans côté sérieux.

J'hésiterois à présenter mes idées sur un sujet de cette importance, si elles n'étoient pas appuyées par les événements accomplis dans la dernière lutte des États-Unis avec l'Angleterre. C'est par un système de guerre adapté à leur position et à leur force, que les Américains sont parvenus, avec quelques bâtiments de guerre et des corsaires, à forcer, en 1814, la Grande-Bretagne à une paix devenue nécessaire pour elle, puisque la guerre, en résultat, ruinoit son commerce, sans lui procurer aucun dédommagement.

Je vais donc indiquer le système de guerre que je crois convenable à notre position, les moyens que l'Angleterre pourroit nous opposer, et les résultats probables de cette lutte.

Ce plan est bien simple : il consiste à faire la guerre au commerce anglais, en évitant soigneusement les combats, même à force égale.

Les moyens d'exécution, étant la partie essen-

---

dans les journaux que l'Angleterre ne *permettra* pas à une puissance de faire telle ou telle chose. Si on arme quelques bâtiments à Brest, il faut donner des explications, etc.

tielle, exigent quelques détails. Je proposerois donc en cas de guerre :

Qu'une loi des Chambres suspendît pendant le cours de la guerre les expéditions maritimes. Les commerçants de nos ports seroient invités à consacrer leurs capitaux à l'armement de corsaires qui leur procureroient de grands bénéfices.

Pour s'en convaincre, il suffit d'observer que le commerce anglais se compose de 1,575 millions d'exportations, et de 1,100 millions d'importations. Dix-neuf mille bâtiments de quatre à cinq cents tonneaux sont employés à son commerce. Le nôtre, en 1822, n'a employé que six cent dix bâtiments français et six cents étrangers. Cette comparaison est vraiment pénible, surtout quand on pense que Bordeaux, avant la révolution, employoit trois cent quatre-vingts navires seulement pour les voyages de long cours.

Avec le peu de colonies que nous possédons, n'ayant pas de relations directes avec les Etats insurgés du continent américain, bornés à un commerce insignifiant avec l'Inde, restreints à 14 millions d'affaires avec les Etats-Unis, n'ayant plus dans le Levant cette supériorité de commerce que les Anglais nous ont enlevée, nous devons reconnoître la différence immense qui existe dans la balance commerciale des deux nations, et par conséquent qu'en cas de guerre, les chances de perte doivent être considérables pour les Anglais, si on veut suivre avec persévérance un bon système de guerre.

Voici comme je conçois une guerre maritime dans les détails de son exécution :

Je proposerois de former vingt divisions navales, composées chacune de deux vaisseaux de ligne et de quatre frégates.

Le peu de colonies que nous avons, pourvues de bonnes garnisons, seroient abandonnées à leur propres forces; et quand même l'ennemi parviendroit à s'en rendre maître, il seroit obligé de les rendre à la paix, d'après les résultats probables de la guerre.

Les vingt divisions seroient distribuées, savoir :

Huit à Brest,
Deux à Cherbourg,
Deux à Lorient,
Trois à Rochefort,
Cinq à Toulon,

La distribution des diverses croisières, étant d'une grande importance pour le succès de ce système, exige d'être bien méditée par un conseil de bons marins. Je me permettrai, en attendant et seulement pour exemple, de proposer un plan d'après mes foibles lumières.

Ainsi, la première division de Brest s'établiroit, pendant la belle saison, dans la Baltique, en prenant pour points de refuge les ports neutres de la Suède, de la Russie et du Danemarck.

La deuxième division, pouvant se réunir à la première, selon les circonstances, surveilleroit la mer du Nord, la sortie de la Baltique, soit par le *Sund*, soit par les *Belts*. Cette division feroit son établissement de relâche au port de *Fléké-ren* en Norwège, non loin de *Christiansand*, excellent port, et bien placé pour faire des courses le long des côtes de l'Écosse. Elle pourroit terminer sa croisière, en revenant par les îles *Schetland* et les *Orcades*, et pourroit intercepter dans son retour le commerce de l'Irlande. Revenue à Brest et ravitaillée, elle feroit une autre croisière dans d'autres parages.

La troisième établiroit sa croisière à vingt ou trente lieues du cap *Clear*, point d'attérage des bâtiments anglais. Elle se tiendroit assez au large pour éviter les coups de vent violents du sud-ouest, qui peuvent *affaler* facilement sur cette côte, à cause de la direction des courants qui portent violemment dans la Manche.

Les quatrième, cinquième et sixième divisions s'établiroient sur les côtes de l'Amérique septentrionale, surveilleroient, à grande distance les unes des autres, le commerce de Terre-Neuve, le fleuve Saint-Laurent et les ports des États-

Unis. Ces trois divisions auroient, par intervalle, des points de réunion, selon les avis qu'elles recevroient des consuls français, de la direction ou du départ de quelques convois. Les ports nombreux des États-Unis fourniroient d'excellentes relâches, des moyens d'approvisionnements et la facilité de vendre les prises. Une seule division, paroissant sur le banc de Terre-Neuve, détruiroit facilement le commerce de la pêche de la morue.

La septième division seroit chargée des côtes de la Caroline du Sud. Elle prendroit pour point de relâche le port de la Havane; ce qui lui faciliteroit le moyen d'intercepter le commerce anglais avec le Mexique.

La huitième surveilleroit le commerce de la Jamaïque et des ports des nouveaux États de Colombie. Cette division pourroit se réunir quelquefois à celle de la Havane.

La première division de Cherbourg seroit chargée de la surveillance du commerce de toute la côte d'Angleterre, depuis le cap *Lizard* jusqu'au Pas-de-Calais.

La deuxième division parcourroit les côtes, depuis Douvres jusque dans le Nord, principalement l'entrée de la Tamise et le commerce avec la Hollande et Hambourg. Ces deux divisions se réuniroient quelquefois, selon les avis reçus de l'apparition de convois anglais, et de la force des vaisseaux de guerre composant l'escorte. De petits bâtiments légers, dans le genre des *spéronars* de Malte, stationnés de distance en distance, trouvant facilement des abris dans les petits ports de la côte, pourroient signaler le passage des bâtiments ennemis à de longs intervalles.

Les deux divisions de Lorient seroient chargées d'intercepter le commerce anglais avec le Portugal. La première auroit pour point de relâche l'excellente rade de *Vigo* et le port du *Ferrol;* Lisbonne, port neutre, seroit aussi un port de refuge.

La deuxième division croiseroit alternativement sur les Açores et au vent de Madère, point de reconnoissance des bâtiments qui vont dans l'Inde et aux Antilles.

Les trois divisions de Rochefort seroient destinées pour les Antilles et l'Amérique méridonale: les deux premières s'établiroient à la Martinique et à la Guadeloupe, croiseroient separément au vent des îles anglaises; elles se réuniroient selon les circonstances.

La troisième se fixeroit sur les côtes du Brésil, et prolongeroit sa croisière de manière à intercepter les bâtiments qui, allant dans l'Inde, viennent reconnoître les côtes du Brésil pour trouver les vents variables, et doubler ensuite le cap de Bonne-Espérance. Pendant le temps d'hivernage des Antilles, les deux divisions se porteroient sur le cap de Bonne-Espérance, où elles croiseroient quelque temps, et, en revenant en France, exploreroient les diverses relâches des bâtiments anglais allant aux Indes ou en revenant.

Quant aux cinq divisions de Toulon, la première seroit chargée de la surveillance du golfe Adriatique et des Sept-Iles. Elle prendroit position dans le port de *Navareins;* elle prolongeroit dans sa croisière les côtes de la Morée jusqu'à l'île de Cérigo, de manière à intercepter les bâtiments qui entrent dans l'Archipel ou en sortent. En cas de rencontre de forces supérieures, le port de la Canée offriroit un excellent refuge.

A la deuxième seroit confiée la surveillance du commerce des Dardanelles, Smyrne et Salonique, chefs-lieux de commerce pour les Anglais, depuis que nous avons perdu notre prépondérance dans le Levant. Les points de relâche de cette division seroient Andros, Mételin et Salonique, qui fourniroient à bon compte tous les approvisionnements nécessaires.

La troisième division, placée au port de Macri, sur la côte d'Asie, vis-à-vis l'île de Rhodes, intercepteroit le commerce de la côte de Syrie et de l'Egypte. Ce port pourroit servir de point de réunion aux deux divisions. On auroit de grandes facilités pour les approvisionnements : l'Egypte fourniroit le riz; Salonique les farines et la viande, Chypre le vin, et Coron en Morée l'huile nécessaire.

Les quatrième et cinquième divisions, composées des meilleurs bâtiments, seroient destinées pour l'Inde. C'est sans doute la mission la plus difficile à remplir, et qui exige des officiers habiles et d'un grand caractère. Nous n'avons plus la ressource si précieuse de l'Ile-de-France. Les Anglais, maîtres de cette île, de Trinquemale et du cap de Bonne-Espérance, semblent pouvoir braver ainsi toutes les entreprises militaires. Ce n'est donc qu'à force de persévérance, et en formant des points de relâche dans les établissements hollandais, portugais et à Madagascar, que nos divisions pourront se maintenir dans l'Inde. Le bailli de Suffren, dans la guerre d'Amérique, et, dans ces derniers temps, le marquis de *Sercey*, ont prouvé qu'avec un grand caractère et de la persévérance on peut faire beaucoup de mal au commerce anglais.

Les équipages des bâtiments employés dans cette pénible croisière devroient être moins nombreux, choisis avec soin, et approvisionnés complétement. Un dépôt de matières et cordages dans un port à nous eût été bien précieux pour réparer les avaries des divisions, et c'est sous ce rapport que la perte de l'Ile-de-France est irréparable : aussi la négligence que le gouvernement impérial a mise à conserver cette importante colonie, et la vente si impolitique de la Louisiane (G), sont des reproches bien graves à lui faire.

Ce seroient donc quarante vaisseaux de ligne et quatre-vingts frégates dont nous aurions besoin pour soutenir ce nouveau système de guerre.

Quant aux corsaires, je proposerois qu'une loi accordât une prime d'encouragement pour chaque corsaire doublé en cuivre, armé de 24 canons et de 120 hommes d'équipage. Le commerce de long cours étant suspendu, il est probable que les commerçants s'empresseront d'employer leurs capitaux à des armements maritimes ; entreprise qui présenteroit des chances probables de bénéfices considérables. En effet, supposons un corsaire doublé en cuivre, et devant tomber au pouvoir de l'ennemi dans un temps donné : Eh bien! on peut calculer qu'avant d'être capturé il aura fait des prises pour deux ou trois fois sa valeur. C'est un jeu à jouer sans doute, mais dont les chances sont positivement en notre faveur. Je dois citer un fait à l'appui : j'ai vu, dans la guerre d'Amérique, un corsaire anglais nommé *la Femme*, doublé en cuivre et armé de 8 canons, faire dans la Méditerranée des prises considérables, malgré plusieurs frégates qu'on avoit envoyées à sa poursuite. Il resta dix-huit mois en course, et revint en Angleterre, ayant fait la fortune de ses armateurs.

Avec le grand nombre de capitaux que nous avons, et ceux que le continent pourroit fournir, on peut calculer que la France seroit à même d'armer un grand nombre de corsaires; il est même probable que, dans un siècle où l'ambition de fortune, ayant gagné toutes les classes de la société, a créé des associations nombreuses, il seroit facile de les diriger vers des entreprises maritimes qui présenteroient des chances plus avantageuses que celles de la bourse.

Au reste, les moyens de fournir à l'armement de trois cents corsaires me paroissent facile.

Lors de la perte de la bataille navale du 12 avril 1782, le patriotisme français se montra d'une manière bien honorable : les villes, les compagnies, les corporations, le commerce, s'empressèrent d'offrir au Roi un grand nombre de vaisseaux de ligne; les états de Bourgogne et le commerce de Marseille donnèrent chacun un vaisseau à trois ponts, de 1,800,000 liv.; les deux frères du Roi, les fermiers-généraux, même les loges maçonniques, donnèrent des vaisseaux de 74.

Nul doute qu'en cas de guerre l'on ne retrouvât le même patriotisme; mais il me semble qu'il seroit possible de le régulariser, d'en obtenir des résultats importants, et peut-être sans de grands sacrifices : il suffiroit pour cela d'encourager cet esprit d'association avec lequel les Anglais ont fait des entreprises si considérables.

Je proposerois donc que les vingt villes de France dont l'octroi est le plus productif fournissent chacune à l'armement d'un corsaire ; les autres villes, dont le montant de l'octroi est au-dessus de 6,000 fr., fourniroient un subside au marc le franc.

Les conseils-généraux des préfectures de première classe voteroient l'armement d'un corsaire ;

Ceux de seconde classe les deux tiers,

Et ceux de troisième classe un tiers ;

Les receveurs généraux des vingt principaux départements chacun un corsaire, ceux de seconde classe deux tiers, et ceux de troisième un tiers ;

Chaque ministère, la chambre des pairs, celle des députés, la banque, les compagnies d'assurance pour les incendies, celles des canaux de navigation, les agents de change de Paris, les corporations, chacun un corsaire ;

Le commerce des quarante principales villes manufacturières du royaume fourniroit quarante corsaires.

Chaque bâtiment armé porteroit le nom des armateurs ; le profit des ventes des prises se partageroit entre les armateurs, après en avoir prélevé les frais et les fonds nécessaires pour la campagne suivante : ce ne seroit donc pas un don, mais bien une spéculation dont les chances seroient en faveur des armateurs.

La direction et la surveillance de tous les armements seroient confiées à l'autorité royale.

D'après cet exposé, on peut se convaincre que nous aurions bien au-delà du fonds nécessaire pour armer trois cents corsaires. En France, le patriotisme, l'enthousiasme et la mode sont de grands moyens ; il ne s'agit que de savoir s'en servir.

Mais comme le succès de ce système de corsaires tient aux talents et à la bravoure des capitaines, il faudroit que les armateurs eussent le droit de confier le commandement de leurs corsaires à des officiers de la marine royale, dont le service actif seroit, dans ce cas, assimilé, et pour le temps et pour les récompenses, au service fait sur les vaisseaux.

Quant au montant des primes accordées pour l'armement des corsaires, ce ne seroit pas une grande charge pour le Trésor, puisque les droits de douane que produiroient les prises faites, soit par nos divisions, soit par les bâtiments armés en course, présenteroient un dédommagement considérable.

Je penserois encore, pour assurer le succès du système de guerre de nos divisions, qu'il faudroit modifier les ordonnances concernant les prises, et, à l'exemple des Anglais, en laisser la valeur totale aux preneurs. On pourroit seulement établir une retenue pour former un fonds commun de secours pour les veuves et les enfants des marins qui auroient péri dans la guerre.

Les preneurs seroient aussi tenus, lorsqu'ils vendroient leurs prises dans des ports neutres, de verser entre les mains des consuls du Roi le montant du produit des droits de douane, tels qu'ils auroient été si on eût vendu la prise en France; et ils seroient de plus astreints au droit de retenue pour les fonds communs.

On ne sauroit apporter trop de soins dans l'armement et dans le choix des approvisionnements. Peut-être seroit-il utile qu'un comité d'officiers de marine fût chargé de la vérification de ces divers objets.

Je me permettrai encore de proposer une diminution dans le personnel des équipages. Nos divisions, devant faire des croisières longues, doivent embarquer le plus de vivres possible; et, sous ce rapport, les ordonnances ne sauroient être trop sévères pour réformer les hommes inutiles.

Partant toujours du même principe, peut-être seroit-il nécessaire de restreindre l'usage de donner si fréquemment du pain frais aux équipages;

on trouveroit par-là le moyen de remplacer par du biscuit le combustible qu'il faut embarquer. D'ailleurs, les inconvénients du feu, quelque parfaites que soient les précautions, doivent être de quelque importance.

La santé des équipages étant d'un intérêt majeur; on ne sauroit trop faire usage des procédés de M. Appert pour la conservation des végétaux : une économie dans ce genre seroit un grand malheur.

Mais pour suivre ce système de guerre avec la certitude du succès, il est nécessaire, pendant la paix, de fournir nos magasins des approvisionnements maritimes que nous allons chercher dans la Baltique, comme cuivre, chanvre, mâtures, etc. Sous le rapport si important des mâts des vaisseaux de ligne, tout Français doit voir avec plaisir la belle entreprise qu'exécute dans ce moment une riche compagnie, à l'effet d'extraire de la partie des Pyrénées appartenant à l'Arragon les magnifiques sapins qui garnissent les revers des montagnes du côté de l'Espagne. On ouvre dans ce moment, dans la partie française, des routes pour faciliter les transports des mâts : si cette entreprise réussit, comme on a lieu de l'espérer, notre marine en retireroit de grands avantages.

Maintenant, si nous évaluons la dépense de

l'armement de chaque division à une somme moyenne de trois millions pour trois campagnes, il est très-probable que la perte que chaque année de guerre feroit éprouver au commerce anglais, pourroit être évaluée à trente millions par division; et ce calcul ne paroîtra pas exagéré, si on veut bien considérer que nos vaisseaux et nos corsaires ne conserveront de leurs prises que les objets de quelque valeur, et qu'en brûlant les bâtiments, la perte matérielle des Anglais seroit immense.

Enfin il seroit nécessaire, et ce n'est pas facile à faire entendre à des officiers français, que les commandants des divisions, renonçant à la noble ambition d'acquérir de la gloire dans de brillants combats, se pénétrassent bien de l'idée que ce n'est qu'au commerce anglais qu'ils doivent faire la guerre, et qu'à égalité même de forces, il ne faut pas hésiter d'éviter le combat. C'est sans doute un sacrifice à faire; mais la véritable gloire est de servir son pays comme il importe le plus à ses intérêts. Le comte de Kersaint peut servir d'exemple à cet égard : cet excellent officier commandoit, dans la guerre d'Amérique, la frégate l'*Iphigénie*, de 36 canons; chaque matin, au lever du soleil, il examinoit avec une bonne lunette les voiles qui paroissoient à l'horizon. Son coup-d'œil exercé lui faisoit facilement juger de la force des bâtiments, et lui donnoit ainsi le moyen de prendre chasse devant des bâtiments de guerre, ou bien de poursuivre les navires du commerce. C'est de cette manière qu'il parvint, dans une seule campagne, à faire éprouver au commerce anglais des pertes considérables. Au reste, d'après les calculs et les observations que l'on doit à M. de Borda, on peut juger approximativement de la force d'un bâtiment qu'on aperçoit à l'horizon ; soit qu'on n'aperçoive que le haut des mâts, ou les hunes, soit qu'on découvre le corps du bâtiment, la force étant alors connue, et la distance variant entre quatre à cinq lieues, il est aisé, avec l'avance que l'on a, de se dérober facilement à l'ennemi.

Mais pour tout prévoir, je supposerai que, par des circonstances imprévues, une de nos divisions se trouve, au jour, à peu de distance de forces supérieures, et par conséquent en danger; eh bien! dans ce cas, la perte ne pourroit jamais être complète, puisque le commandant, en sacrifiant un ou deux de ses bâtiments, moins bons voiliers, qui auroient l'ordre d'engager le combat avec les premiers bâtiments de chasse de l'ennemi, suspendroit sa marche, et faciliteroit la fuite du reste de la division. La guerre d'Amérique nous fournit l'exemple d'un dévouement de ce genre. Quatre frégates françaises étoient en croisière dans la Manche; au point du jour, elles se trouvent très-près d'une forte division anglaise. Le comte de Grimoard, qui commandoit une des frégates, se dévoue pour sauver les autres; il est bientôt joint par le *Foudroyant*, vaisseau de 74. Le capitaine anglais, ne doutant pas que la frégate ne dût amener son pavillon, se contente de faire tirer un coup de canon, et se prépare à poursuivre les autres frégates; mais le comte de *Grimoard*, se trouvant par le travers du vaisseau anglais et à demi-portée du canon, lâche sa bordée à mitraille, établit un feu de mousqueterie bien nourri, de manière que l'ennemi, pris au dépourvu, n'ayant pas sa première batterie en état de jouer, éprouva des pertes et des avaries dans son gréement. Le combat se prolongea assez long-temps, et le comte de Grimoard ne se décida à amener son pavillon que lorsqu'il fut certain que les autres frégates étoient en sûreté.

Examinons maintenant les moyens que l'Angleterre pourroit opposer au système de guerre que je propose.

Seroit-ce de former de grands convois, escortés par des vaisseaux de guerre?

Mais il faudroit d'abord que les escortes fussent considérables; sans cela, la réunion de deux ou trois divisions donneroit la facilité d'enlever le convoi : d'ailleurs, la marche de ces grandes réunions de bâtiments à marche inégale, est si lente, que les avis de sa route peuvent parvenir à nos divisions, et l'on verroit se renouveler un trait assez remarquable que nous fournit la guerre de l'indépendance américaine. Le baron de *Clancey* commandoit une frégate revenant des Antilles; il rencontre un grand convoi anglais chargé des dépouilles hollandaises de St.-Eustache. Il eut l'idée de naviguer deux jours dans la même direction que le convoi, en tenant compte du nombre de lieues que sa marche supérieure lui donnoit comparativement avec l'ennemi. Son calcul fait, il force de voiles, en ayant soin de calculer exactement sur la carte la route du convoi, et sa position de chaque jour; ce qu'en terme de marine on appelle *faire le point*. Il arrive à Brest, et, d'après ses suppositions, il *estime* qu'il faut à peu près onze jours au convoi pour atteindre les ports d'Angleterre. Il prend la poste, court jour et nuit, arrive à Paris, et propose au ministre de donner l'ordre au comte de la Motte-Piquet, qui commandoit une escadre à Brest, de mettre à la voile pour aller croiser dans la direction indiquée. En effet, l'escadre française étoit à peine parvenue dans l'ouest du cap Cléar, qu'elle aperçoit le grand convoi anglais. Il tomba presque en entier entre ses mains, et enrichit les équipages.

Il faut observer que l'obligation de ne commercer que par convois est préjudiciable au commerce même; et cela est facile à concevoir, puisque la réunion d'un grand nombre de bâtiments exige un temps considérable et des frais aux armateurs. Arrivés à leur destination, les marchandises s'accumulent, les ventes deviennent difficiles et peu avantageuses, en raison de la concurrence. Il faut encore observer qu'avec notre système de guerre, le taux des assurances pour les bâtiments anglais sera très-élevé, et diminuera encore les profits; et comme les consommations sont toujours en raison des prix modérés, les bénéfices du commerce anglais décroîtront chaque année. D'ailleurs, il est rare qu'un convoi parvienne en entier à sa destination : des brumes, des coups de vent, quelquefois l'avidité des capitaines, dispersent les bâtiments, et les mettent en danger de tomber dans les divisions en croisière aux divers attérages.

Voilà donc les Anglais, par l'immensité même de leur commerce, obligés d'employer la majeure partie de leur marine militaire pour servir d'escorte à leurs convois.

Établiront-ils des escadres aux principaux points d'attérages pour protéger l'arrivée de leurs convois? Mais nos divisions, par exemple pour les Antilles, peuvent établir leur croisière à quarante ou cinquante lieues au vent, par les parallèles que les convois suivront, et même, en réunissant plusieurs divisions, peuvent enlever la totalité des bâtiments ennemis.

« Quelques personnes m'ont objecté que les Anglais, suivant notre exemple, défendront leur commerce en armant des corsaires. La réponse est facile : on n'arme des corsaires que dans l'espoir de faire des prises ; c'est une spéculation que des armateurs peuvent faire, quand il y a des chances de bénéfice : mais comme notre commerce seroit suspendu, l'armement des corsaires seroit alors sans but. Les Anglais n'auroient donc d'autres ressources que leurs forces militaires, et quelque considérables qu'elles soient, elles seroient insuffisantes contre nos divisions et la multitude de nos corsaires.

« Si nous reconnoissons donc comme probable que le commerce anglais éprouvera des pertes immenses, et ne trouveroit aucun dédommagement, comment seroit-il possible au gouvernement anglais de fournir aux dépenses que nécessiteroit le développement de ses forces militaires ; et quelque succès qu'on veuille bien supposer, il faudroit bien qu'il consentît à une paix honorable. J'en appelle encore pour preuve à la dernière guerre des États-Unis avec la Grande-Bretagne.

« Enfin (car il convient de prévoir toutes les objections) on dira peut-être que, dans la dernière guerre de la révolution, de fortes escadres anglaises ont tenu tous nos ports en état de blocus Cette assertion n'est pas parfaitement exacte : le blocus a rarement empêché la sortie de nos expéditions, et certes, l'arrivée de l'expédition de Buonaparte en Égypte, malgré le temps perdu si impolitiquement à Malte, prouve que tous les calculs de blocus ont une infinité de chances contraires. Néanmoins, je conviendrai qu'il est possible de surveiller une grande escadre, dont la sortie exige des préparatifs, de l'ensemble et un grand mouvement, qui peuvent donner l'éveil à l'ennemi. Il n'en est pas de même d'une petite division; elle peut mettre à la voile dans peu d'heures, et, profitant de la nuit, de la marée et d'un vent favorable, se trouver, au point du jour, hors de vue de l'escadre anglaise. Un exemple me paroît nécessaire pour faire comprendre la facilité de la sortie de nos divisions. Je supposerai le port de Brest bloqué par une escadre anglaise; la division française attendra un coup de vent du sud-ouest, ordinairement pluvieux et brumeux. Les Anglais, de crainte d'être affalés sur la côte, se porteront à la hauteur nord-est d'Ouessant pour attendre sans danger la fin de la tempête : mais au premier moment que l'on s'apercevra que la violence du vent diminue, la division, profitant de la marée, sortira en courant des *bordées*, passera par le *raz*, et se trouvera le lendemain a vingt lieues de l'ennemi.

A Toulon, en profitant des coups de vent du nord-ouest (le mistral), qui forceroit l'escadre anglaise à chercher un refuge, la division, en partant la nuit, et courant vent arrière, pourroit être, en vingt-quatre heures, à cent lieues des côtes. L'ennemi, dira-t-on, se mettra à la poursuite de nos bâtiments; mais il n'est guère probable qu'il pût les atteindre, et, en levant le blocus, il facilite la sortie des autres divisions.

La rentrée de nos divisions pourroit aussi s'effectuer sans danger: il suffiroit, par exemple, pour Brest, de ne rentrer que par un coup de vent du sud-ouest, et pendant la nuit, et avec la marée. La connoissance des sondes, à plus de quatre-vingts lieues au large, est si précise, nos pilotes-côtiers sont si habiles, que, malgré le grand nombre de rescifs qui défendent les approches de Brest, on ne doit pas craindre de donner hardiment dans le canal de l'*Iroise*.

A Toulon, quand les coups de vent d'est et de sud-est, toujours pluvieux, forcent l'ennemi à s'éloigner de la côte, nos divisions en relâche à Saint-Florent, en Corse, profitent des vents d'est, en combinant leur marche de manière à ne pénétrer dans la rade de Toulon que dans la nuit.

D'après cet exposé, je crois qu'on pourroit poser en principe que le blocus d'un port ne peut être considéré comme un moyen certain d'empêcher la sortie de nos divisions, et, par conséquent, que l'établissement et les opérations de nos croisières devenant faciles, il doit en résulter des pertes immenses pour les Anglais.

Il faut examiner à présent les résultats probables de ce système de guerre.

Les forces de l'Angleterre se composent de quatre cents vaisseaux, frégates, corvettes, etc.

Le commerce anglais emploie dix-neuf mille neuf cents bâtiments pour un commerce de deux milliards cinq cent millions, exportations et importations.

Du côté de la France, je ne calculerai nos forces que de quarante vaisseaux de ligne et quatre-vingts frégates; j'y ajouterai trois cents corsaires.

Notre commerce maritime étant suspendu, excepté celui de cabotage, qu'il faudroit même augmenter, nous n'aurions aucune perte à éprouver.

Cette suspension de notre commerce maritime va paroître à quelques personnes une calamité irréparable, les denrées coloniales, telles que le café et le sucre, étant devenues un besoin pour nous; mais on peut être rassuré à cet égard, en calculant que les bâtiments neutres et les prises queferont nos divisions et nos corsaires, nous fourniront ces denrées coloniales à un prix modéré.

Rassurés sur les craintes d'être privés de sucre et de café, examinons maintenant si cette suspension de commerce seroit aussi funeste à la France que l'on pourroit le croire. Si nous importons de l'étranger une valeur de marchandises au-dessus de celle que nous exportons, il paroîtroit positif que la balance de commerce ne nous est pas favorable. Pour nous fixer à cet égard, je vais citer les rapports officiels de l'année 1820 (1) :

Notre commerce avec l'Inde a donné une perte de onze millions ; celui avec le Brésil, de quatre millions ; celui avec la Havane, de neuf millions : total, vingt-quatre millions de perte.

La balance de notre commerce avec l'Angleterre présente, pour les années 1821 *et* 1822, *une perte, contre nous, de quatre-vingt-un millions par année.*

La cause principale de cette perte si extraordinaire est la contrebande, dont le système est si bien organisé, que les frais d'assurance ne sont que de dix pour cent ; elle est si active, que l'on

---

(1) *Voir* le mémoire de M. de Vaublanc, et le rapport de M. de Saint-Cricq.

voit, dans le mémoire des fabricants de Lille, que sur cent mille pièces de nankin, il n'y en a pas deux mille qui payent les droits; mais, de plus, des renseignements positifs prouvent que sur dix mille opérations de contrebande, il n'y en a que cinq ou six d'entravées, et, en résultat, la moitié des consommations du royaume est fournie par les marchandises anglaises; et cela paroîtra très-simple, si on considère que le service des douanes, pendant cinq années, n'a produit que 400,000 fr. de saisies. Certes, c'est l'armée de l'Europe la plus chèrement payée, et, par ce fait, il est facile d'expliquer les pertes immenses de notre commerce.

Nous éprouvons donc une perte annuelle de cent cinq millions. Dans cette balance, le montant des achats de coton en rame entre pour soixante millions. C'est payer un peu cher l'agrément de se vêtir d'étoffes de coton; et, sous ce rapport, j'oserois croire qu'il seroit avantageux pour la France d'en restreindre la fabrication, et de revenir à l'ancien usage des étoffes de laine et des toiles de chanvre, puisqu'il est reconnu en principe que la véritable richesse d'un État consiste à consommer et fabriquer les produits de son sol (1).

(1) Pour assurer la prospérité de nos fabriques, il faut augmenter les consommations, et par conséquent l'aisance

Il me reste à examiner si les découvertes nouvelles, telles que les canons-bombes, et l'emploi des machines à vapeur sur les vaisseaux, ne pourroient pas nous fournir des moyens de corroborer le système de guerre que je propose. L'excellent ouvrage de M. *Paixhaut*, sur un nouveau système d'artillerie, et l'ouvrage de M. *Dupin*, présentent des détails et des faits intéressants qu'il seroit peut-être utile de faire connoître.

Les nouvelles armes proposées seroient des bouches à feu semblables aux canons ordinaires, mais susceptibles de lancer des bombes horizontalement, comme on lance des boulets.

Il est facile de concevoir qu'une grosse bombe de 80, 120, 150 et même 200, ébranlera et entrouvrira les bords des vaisseaux ennemis. Si la bombe est arrêtée dans l'épaisseur des bords, elle ouvrira de larges brèches, qui s'étendront jusqu'au-dessous de la flottaison, et feront couler le vaisseau; si elles s'arrêtent dans l'intérieur, en éclatant, elles opéreront une destruction complète.

Il est remarquable qu'en 1690 M. *Deschiens*,

---

des consommateurs. Cette aisance ne peut s'obtenir que par la diminution des impôts qui pèsent sur l'agriculture, et par l'adoption d'un système d'imposition sur les produits consommés ou fabriqués, seule manière de diminuer l'impôt, et de le rendre égal pour tous.

officier français, avoit établi sur un vaisseau qu'il commandoit, deux canons-bombes; qu'ayant été rencontré par quatre vaisseaux de guerre anglais, il parvint à se sauver, en incendiant deux vaisseaux ennemis, et en forçant les autres à s'éloigner. Cette découverte si importante, n'ayant pas été encouragée, fut entièrement oubliée. Combien d'exemples de belles découvertes pourroit-on citer dans ce genre, presque tous dus à des Français, et dont les Anglais se sont emparés (1)!

Pour se faire une idée des effets des obus tirés horizontalement, et par conséquent des résultats qu'on obtiendroit des canons-bombes, je vais citer l'expérience qui a eu lieu en 1811.

On plaça en mer, à huit cent vingt-cinq toises de distance, un bâtiment de soixante pieds de longueur, quinze de large et huit de hauteur; on tira sur ce bâtiment cent soixante-neuf gros boulets rouges, dont vingt-neuf portèrent dans le corps du bâtiment, et ce ne fut qu'après ce grand nombre de coups de canon que l'on parvint à couler bas le bâtiment.

Quelques jours après, on remplaça le bâtiment, et on tira dessus vingt-quatre obus de huit pouces: six portèrent dans le bâtiment; un seul avoit éclaté

---

(1) Dans le nombre, la vaccine, découverte par M. Chaptal père; le moyen de la vapeur, etc. etc.

en s'arrêtant dans les bordages, et ce coup suffit pour le couler bas.

On peut donc calculer, d'après cet essai, quel seroit l'effet destructeur des canons-bombes qui lanceroient des projectiles cinq à six fois plus gros.

La dépense de ce nouvel armement des vaisseaux seroit moins considérable qu'on ne le croit, puisque des expériences faites à La Fère, en 1821, ont prouvé qu'on pouvoit forer les canons de marine de 36 de manière à les rendre propres à lancer des boulets creux de 48.

M. *Paixhaut* propose, pour l'armement de nos vaisseaux, des caronades à obus de 48, ayant le même poids que la caronade actuelle de 36; des canons-bombes de 48, 80, 150, ayant le même poids que les canons ordinaires de 24, 36 et 48.

L'armement de nos vaisseaux avec cette nouvelle artillerie présenteroit une économie dans l'approvisionnement des poudres, puisque trente milliers suffiroient, tandis qu'il en faut ordinairement soixante milliers.

La portée du canon-bombe est, à peu de chose près, la même que celle des canons à boulets. En résultat, l'adoption de cette nouvelle artillerie amènera nécessairement la conséquence qu'avec des armes dont les atteintes ont un si prodigieux effet, il ne sera plus nécessaire de tirer un si grand nombre de coups, et que les petits bâtiments pourront hardiment attaquer les plus gros vaisseaux. Ce seroit déjà beaucoup d'avoir acquis l'avantage de pouvoir soutenir une guerre maritime avec des vaisseaux d'une grandeur moyenne.

Il faut à présent examiner l'emploi de la puissance de la vapeur dans notre nouveau système de guerre.

Les essais avantageux que les Américains ont faits des machines à vapeur pour leurs vaisseaux de guerre, ne laissent pas de doute que, soit comme moyen d'attaque, soit comme moyen de défense, même en réduisant à sa juste valeur les exagérations des merveilles attribuées à *Fulton*, nous ne puissions en tirer un bon parti.

On ne peut calculer les grands changements que l'emploi de la puissance de la vapeur pourra opérer dans les guerres maritimes, quand on y joindra l'usage de la nouvelle artillerie. Pour se faire une idée des progrès de cette découverte, qui n'est encore que dans l'enfance, je citerai seulement un bâtiment employé pour le commerce de *Hull* à Londres, du port de deux cent vingt-cinq tonneaux : la force de la pompe est de soixante-dix chevaux ; le navire fait quatre lieues par heure, et, en cas de mauvais temps, la machine à vapeur peut servir à hisser les mâts et les voiles.

Un nouveau système de navigation par la vapeur a été inventé dernièrement en Amérique. Par ce procédé, un bateau de vingt-cinq pieds, monté par deux hommes seulement, a fait quatre lieues dans une heure.

Dans l'emploi que nous pourrions faire de cette puissance dans notre système de guerre, il fau observer que les nouvelles frégates et les petits navires, étant coupés pour marcher vite, et ayant la faculté de faire usage à volonté des moyens de la vapeur et des voiles, auront une grande supériorité de marche sur les bâtiments de commerce, qui ne peuvent employer la puissance de la vapeur dans les voyages de long cours.

On objectera, sans doute, que les Anglais adopteront le même système d'armement, qu'ils établiront des canons-bombes sur leurs vaisseaux, et qu'ils conserveront ainsi leur supériorité. Dans l'ancienne manière de faire la guerre, ce résultat eût été positif; mais dans celui-ci, les chances des combats peuvent être en faveur des petits navires à vapeur, qui se réuniroient pour attaquer les gros vaisseaux. Il est, en effet, facile de concevoir que les petits bâtiments peuvent diriger leur feu sur l'arrière ou l'avant du navire ennemi; que, présentant peu d'élévation, ils sont moins dans le cas d'être atteints par l'artillerie de l'ennemi, tandis que les gros vaisseaux peuvent être détruits par l'effet d'une seule bombe; il aura sans doute, pour se défendre, une artillerie plus nombreuse et plus forte, mais il aura aussi à diriger son feu dans tous les sens, et sur des objets peu élevés; et si on suppose les rencontres dans des temps de calme, les petits navires, ayant pour but de grandes masses, auront évidemment des chances en leur faveur.

Si on fait usage de cette nouvelle artillerie des batteries flottantes, il seroit facile de procurer à nos divisions des refuges assurés, même dans des rades ouvertes où l'ennemi pourroit venir attaquer à la voile; il suffiroit de se placer aux deux extrémités de la ligne d'embossage, et il deviendroit alors impossible à l'ennemi d'attaquer nos vaisseaux, défendus par des forteresses flottantes, lançant des bombes de 150 et 200.

En résumé, nous aurions des frégates ayant une marche supérieure, une artillerie moins nombreuse, un personnel peu considérable et un approvisionnement réduit; par conséquent, moins de dépenses, et plus de moyens de soutenir la guerre (1).

Nos forêts pourroient alors fournir les bois

(1) La nouvelle application de la vapeur à l'artillerie, inventée par Perkins, peut devenir d'une grande importance dans notre système, puisque deux pièces de canon servies

nécessaires pour des constructions moins colossales : les chênes de la Corse et de l'Albanie et les sapins des Pyrénées suffiroient à toutes nos constructions.

Presque tous nos ports et ceux des pays neutres nous seroient utiles, les blocus à peu près nuls; les manœuvres étant simplifiées, on n'auroit pas besoin d'équipages si exercés, comme dans les mouvements des escadres, et on trouveroit alors de grandes ressources dans les soldats de l'armée de terre. Il doit donc résulter de ce système de guerre des chances plus égales dans les événements d'une guerre maritime, et peut-être un moyen certain d'empêcher la domination universelle sur les mers.

En supposant l'adoption de ce système, je proposerai d'armer un certain nombre de frégates à vapeur, stationnées principalement à Brest et à Cherbourg. Ce dernier port présente une excellente position pour intercepter les nombreux bâtiments qui se rendent dans la Tamise. Dans l'été, on éprouve souvent dans la Manche plusieurs jours de calme : alors les frégates à vapeur, prévenues par le moyen télégraphique que je vais

---

par la vapeur peuvent produire l'effet de trente canons chargés avec de la poudre Les résultats de cette découverte peuvent être immenses.

indiquer, pourroient se porter promptement sur les côtes d'Angleterre, capturer un grand nombre de bâtiments, dont on enleveroit les marchandises de prix, et qu'on brûleroit ensuite.

La ligne télégraphique que je propose seroit à ligne double; il y en auroit une qui seroit formée d'un grand nombre de bâtiments légers, mus par des machines à vapeur, pouvant aller à la voile et à la rame. Cette ligne seroit établie depuis l'île d'Ouessant jusqu'à Cherbourg, et à des distances convenables pour les signaux; mais, comme il faudroit s'attendre que cette ligne de correspondance seroit souvent interrompue par les coups de vent ou les poursuites de l'ennemi, il seroit établi une ligne télégraphique correspondante le long des côtes, de manière que si la ligne de mer étoit interrompue, chaque petit bâtiment, en se rapprochant de la côte, pourroit signaler aux télégraphes établis à terre le mouvement des vaisseaux ennemis, et dans peu d'instants on en seroit instruit à Brest et à Cherbourg. Dans l'hiver, la permanence de la ligne sur mer seroit sans doute difficile, mais ne seroit pas impraticable, si on se servoit de chasse-marées en usage en Bretagne. Ces sortes de petits bâtiments naviguent avec une hardiesse incroyable au milieu des tempêtes et des rochers (H).

On objectera sans doute que les Anglais s'empresseront de bloquer Cherbourg et Brest avec des frégates à vapeur ; mais, comme je l'ai déjà observé, il est très-facile de sortir de Brest et de Cherbourg par une nuit obscure, en profitant de la marée et du vent de terre qui s'établit toutes les nuits pendant l'été, et qu'alors, au jour, nos frégates peuvent être hors de vue des bâtiments ennemis.

Tel est le système de guerre maritime que je me promets d'indiquer. Si les motifs sur lesquels j'ai établi les probabilités du succès paroissent fondés en raison, je croirois qu'on pourroit en déduire le principe,

Que la guerre maritime entre deux nations dont le commerce est à peu près égal, doit être à redouter par celle des deux puissances dont la force militaire est inférieure ;

Qu'au contraire, lorsqu'une des deux puissances ne fait que peu de commerce, les avantages de supériorité en forces militaires sont peu de chose, et qu'en définitive, la paix devient nécessaire à la puissance dont le commerce est considérable, puisque ses pertes sont sans compensation.

Ici, deux principes sont établis sur les résultats de la dernière guerre des Etats-Unis avec l'Angleterre, et sur la conduite tenue depuis plus d'un siècle par les Barbaresques. On peut en effet observer que les puissances faisant le commerce de la Méditerranée paient depuis long-temps un tribut honteux à Maroc, Alger et Tunis, tribut qu'on déguise sous le nom de présents, afin d'obtenir la sûreté de bâtiments de commerce. Vainement les grandes puissances ont-elles essayé de leur en imposer par des bombardements. « Com» bien a coûté à ton maître, disoit un dey d'Alger » au consul de France, l'armement qu'il vient de » faire contre moi ? — Telle somme, répond le » consul. — Eh bien ! lui dit le dey, qu'il m'en » donne la moitié, et je mets le feu à ma ville. »

On ne peut donc attaquer les Barbaresques chez eux, ni détruire un commerce qu'ils n'ont pas. Si on leur prend quelques corsaires, ils sont promptement remplacés : ainsi, une guerre avec eux seroit un jeu de dupes, et peut servir à justifier les traités peu honorables que l'on fait avec eux.

D'après le plan que je propose, la position seroit absolument la même, avec la différence toutefois que nos moyens d'attaque seroient bien autrement puissants. On dira peut-être qu'un tel système de guerre a quelques rapports avec la piraterie; mais, dans ces temps si éclairés, la guerre, soit sur mer, soit sur terre, n'est pas autre chose.

Au reste, le système d'une guerre maritime

par divisions avoit été suivi en partie sous Louis XIV. Après la malheureuse affaire de *la Hougue*, on ne vit que très-rarement des combats d'escadres; et cependant c'est à cette époque que notre marine fit le plus de mal au commerce anglais, et que les *Duguay-Trouin*, les *Forbin*, les *Jean-Bart* et les *Puntis*, à la tête de petites divisions, firent des entreprises qui illustrèrent le nom français.

En terminant l'examen de cette importante question, qu'il me soit permis de présenter quelques idées sur la réalité de la puissance anglaise, et de réclamer, en ma qualité de vieux marin, contre cette souveraineté perpétuelle des mers qu'on accorde si bénévolement à l'Angleterre.

On se plaît à faire aux Anglais l'application de ce vers d'un de nos poëtes :

> Le tiident de Neptune est le sceptre du monde ;

mais l'application ne me paroît pas exacte, ni fondée en principes.

J'oserois croire qu'une souveraineté perpétuelle sur les mers ne peut appartenir qu'à une grande puissance territoriale et commerçante en même temps : mais qu'on veuille bien examiner, sans *anglomanie*, la réalité de la puissance anglaise, on trouvera de fortes institutions, un esprit public admirable, un orgueil national qui leur feroit supporter les plus grands sacrifices, une aristocratie puissante de ses richesses et de ses souvenirs, une force militaire hors de toute proportion avec sa population; enfin, un crédit public immense, établi sur le commerce du monde. C'est sans doute un bel édifice; mais la base en est bien peu solide, puisque l'étendue de son territoire n'est pas en rapport avec sa puissance. Déjà la terre manque à cette population anglaise, qui augmente dans une progression effrayante, et dont le Gouvernement tâche de prévenir les graves inconvénients, en formant à grands frais des colonies en Afrique et dans l'Océan méridional. L'Angleterre peut, sans doute, résister long-temps, sous l'abri de ses fortes institutions, aux révolutions que produiront inévitablement les ferments qui tourmentent les classes inférieures (I); mais il n'en est pas de même pour leurs colonies des Antilles et pour le Canada. Malgré les concessions que le Gouvernement vient de faire, la force des choses, et cet esprit d'indépendance que les Anglais semblent ne pas redouter, qu'ils encouragent peut-être en secret, doivent amener nécessairement la séparation des colonies, et la réunion du Canada aux Etats-Unis.

Sans doute le Gouvernement anglais ne se fait

pas illusion sur la probabilité de la perte de ses colonies. « Il est prudent, a dit le comte Bathurst, » dans la séance de la Chambre des Pairs du 15 » juin dernier, de changer de politique, et de » nous conformer à la marche du temps; accor- » dons à tous les bâtiments européens et améri- » cains le droit d'importer et d'exporter de nos » colonies toutes sortes de marchandises. » Le comte de Liverpool a ajouté : « Rendons nos » colonies *contentes*, elles nous resteront atta- » chées, et si même elles vouloient nous *quitter*, » notre perte seroit moins sensible (1). »

De cette déclaration à consentir l'indépendance absolue des colonies, il n'y a qu'un pas; mais si on veut bien approfondir la politique calculée de l'Angleterre, le grand sacrifice qu'elle est obligée de faire en déchirant son fameux acte de navigation, on se convaincra qu'elle ne redoute pas autant qu'on pourroit le croire la perte de ses colonies des Indes-Occidentales; elle se flatte avec raison que toutes les crises d'indépendance devenant communes à toutes les colonies européennes, cette grande révolution feroit tomber entre les

(1) Je doute que lord Chatam et M. Pitt eussent accordé aux colonies la facilité de les *quitter* si aisément; et le Bengale aussi aura bientôt la volonté de *quitter* la vieille Angleterre.

mains anglaises le monopole de toutes les denrées coloniales.

Ce grand plan est conduit avec une persévérance admirable, et sert à expliquer la suite et l'importance que le Gouvernement anglais a mises à exiger des autres puissances l'abolition de la traite des noirs.

Si on veut bien observer que, sous le climat brûlant de l'Amérique et des Antilles, il n'y a que les nègres seuls qui puissent résister aux travaux pénibles qu'exige la culture des denrées coloniales, on se convaincra que l'abolition de la traite doit nécessairement restreindre peu à peu et anéantir ensuite tout-à-fait les diverses branches du commerce des colonies. Pendant cette époque, les vastes provinces des Indes-Orientales auront acquis une importance et une valeur incalculables, par la prévoyance et les soins éclairés de ses administrateurs.

C'est ainsi que la compagnie des Indes, calculant sur les chances de l'avenir, a fait planter dans ses vastes possessions du Bengale une quantité considérable de mûriers, qui fournissent déjà une partie des soies nécessaires à leurs fabriques, tellement qu'en 1822 elles ont employé plus d'un million pesant de soie brute de l'Inde, tandis que l'Italie ne leur en a fourni que cinq cent cinquante mille livres. Et nous, dont les soieries étoient si renommées et recherchées dans toute l'Europe et en Angleterre même, nous n'employons dans nos fabriques que neuf cent quatre-vingt-sept milliers de soie. C'est encore une conquête importante que les Anglais ont faite sur nous.

L'indigo, qu'elle a fait cultiver avec succès dans l'Inde, peut fournir à la consommation des fabriques anglaises.

Le chanvre du Bengale rivalise avec celui de Russie, et peut être livré au commerce à meilleur marché.

Le coton d'Asie est supérieur à celui d'Amérique.

Le café et la canne à sucre ont parfaitement réussi dans les riches fonds de l'Inde, et peuvent fournir complétement et à meilleur compte aux besoins de l'Europe.

Ainsi le Bengale, parvenu au plus haut degré de prospérité, précisément à l'époque où les colonies européennes, grâce à la philantropie anglaise, seront tombées à un point de décadence dont il leur sera impossible de se relever ; le Bengale, dis-je, deviendra l'unique ressource de l'Europe, et l'Angleterre triomphante enlacera plus que jamais l'Univers de ses flottes commerciales, en appesantissant le joug que la nécessité a déjà forcé d'accepter.

On voit donc pourquoi le ministère anglais a prêché avec tant d'*onction* l'anéantissement de la traite des nègres, et quels motifs secrets l'engagent dans ce moment à proclamer des opinions si libérales en faveur des Américains, et même des colonies anglaises.

Mais, de plus, en supposant l'indépendance des nouveaux états d'Amérique bien assurée, peut-on croire qu'ils jouiront de suite d'une grande tranquillité? Il n'en est pas de même des vieux peuples que des nouveaux : chez ceux-ci, les institutions peuvent s'établir aisément; elles n'ont contre elles aucun souvenir des coutumes que le temps a consacrées: les États-Unis en sont la preuve. Mais chez les peuples peu éclairés, et cependant déjà vieux, tels que ceux de l'Amérique espagnole, où les partis sont fortement empreints du caractère espagnol, où les vaincus s'appuient sur d'anciens souvenirs politiques et religieux, et sur l'ascendant d'un clergé influent, le repos et le bonheur ne peuvent s'acquérir que par de longues années de troubles et de malheurs. En attendant que le siècle des lumières luise pour eux, les Anglais exploiteront avec succès les mines du Mexique et les richesses du Pérou, favorisés dans leur entreprise par la nonchalance et l'ignorance des peuples de ces contrées.

Quoi qu'il en soit, la véritable puissance de

l'Angleterre est dans l'Inde. C'est là le principal; la métropole n'est que l'accessoire.

Quarante millions six cent cinquante-huit mille âmes, entre lesquels il n'y a que quarante-six mille deux cents Européens, forment la population de ce vaste empire. Trois mille Anglais sont chargés de toutes les branches de l'administration. Les forces militaires se composent de vingt-cinq mille Anglais et de cent quarante mille Indiens, commandés par cinq mille officiers anglais.

Un empire dont les côtes ont huit cents lieues, et l'intérieur trois cents de profondeur, gouverné par quelques milliers d'Européens, prouve l'énergie et l'habileté de l'administration de la Compagnie ; mais c'est précisément cette administration privilégiée qui, ne se trouvant pas en rapport avec les idées actuelles, est attaquée si vivement dans l'opinion publique. Sa destruction peut avancer l'indépendance de ce vaste empire.

D'ailleurs, ne peut-il pas se former des partis dans cette grande armée de natifs indiens (1)? Quelque ambitieux, un autre Bolivar peut-être, ne peut-il pas s'emparer du pouvoir, et détruire en peu de temps ce colosse dont la base est si

(1) Dernièrement, les journaux ont annoncé la révolte d'un régiment de ce pays. des exécutions ont arrêté l'insurrection ; mais le feu couve sous la cendre.

fragile? Enfin, n'est-il pas dans l'ordre des choses probables que sur ce grand continent, où l'on voit se former des tribus belliqueuses, telles que les *Afghans*, les *Marattes*, les *Birmans* et les *Mogols*, naîtra un jour quelque autre Gengis-Kan qui envahira cette riche portion du globe avec d'autant plus de facilité, qu'il faut aller chercher des secours à six mille lieues.

Ne faut-il pas encore mettre en ligne de compte les révolutions qui semblent devoir atteindre tour à tour toutes les puissances? La situation de l'Irlande, la puissance cachée des radicaux, enfin les effets que doivent produire tôt ou tard les cinquante et quelques sectes religieuses qui se multiplient avec une audace incroyable; toutes ces causes réunies ne préjugent-elles pas à l'Angleterre une révolution peut-être plus terrible que la nôtre?

Au degré de puissance où est parvenue la Grande-Bretagne, elle semble pouvoir braver les chances de l'avenir; mais les décrets de la Providence sont au-dessus des combinaisons humaines. La puissance de Buonaparte étoit bien autrement compacte en 1812, et cependant elle s'est évanouie comme un fantôme.

Sans doute la puissance de la France est moins brillante; mais elle me paroît établie sur une base plus solide. Sa force est dans le sol même, dans cette population de trente-un millions, susceptible de s'élever à cinquante, quand nos terres incultes seront mises en valeur; quand l'agriculture sera considérée comme notre véritable richesse; quand on aura creusé les canaux et ouvert les routes qui sont nécessaires pour le commerce intérieur; quand on aura adopté, à l'exemple de nos voisins, un système d'impôt qui pèse sur les consommations, et non sur la propriété; quand on aura remédié à la trop grande division de la propriété; enfin, quand on aura formé un esprit public et une forte aristocratie, seule ressource que l'Angleterre possède pour résister aux dangers qui la menacent dans ses foyers.

En se rappelant que la France a résisté à la terrible épreuve de trente ans de révolution, et qu'elle en est sortie puissante; quand on réfléchit à ce qu'elle a fait et à ce qu'elle peut faire avec des institutions appropriées à son génie et à ses mœurs, on doit se tranquilliser sur ses destinées, croire, comme Benoît IV, que ce grand empire est gouverné par cette Providence qui nous a donné constamment pour rois ceux qui convenoient aux diverses périodes de troubles, de gloire et de bonheur dont nous avons parcouru les phases dans le cours de quatorze siècles.

Je ne doute pas qu'on ne puisse faire beaucoup d'objections au plan que je propose; mais qu'on veuille bien me permettre d'y répondre d'avance par une seule observation.

On conviendra sans doute qu'une guerre avec l'Angleterre est dans l'ordre des choses probables : dans ce cas, quels seront les moyens de la soutenir ou de la prévenir ?

La soutenir : je ne vois que deux moyens : faire la guerre d'après les anciens systèmes... On en a vu les résultats.

Adopter le plan que je propose : il a pour lui l'exemple des États-Unis et des Barbaresques.

Enfin, prévenir la guerre en *s'humiliant* devant la force... Ce moyen ne peut devenir français.

Ma tâche est remplie ; il ne me reste plus qu'à réclamer l'indulgence des lecteurs pour la manière dont j'ai traité une question d'une si grande importance. Que n'ai-je eu la force ou possédé les connoissances nécessaires pour l'exposer telle que je la conçois, et lui faire acquérir quelque valeur dans l'opinion publique ! Mais du moins on voudra bien rendre justice aux sentiments qui m'ont décidé à faire paroître un mémoire dont le sujet d'ailleurs ne se rattache qu'à une seule opinion, celle d'un loyal et bon Français.

NOTES.

(A)

On trouvera dans l'avant-propos de la tactique de M. de Buor une discussion intéressante sur les avantages d'être au vent de son ennemi, et sur les inconvénients qui peuvent en résulter dans certaines occasions. N'ayant pas cet ouvrage, je me contenterai d'avancer quelques idées.

Si l'escadre qui est au vent se trouve en forces inférieures, et forcée d'accepter le combat, il est aisé de concevoir que sa position peut devenir critique. En effet, si le vent est violent, la première batterie peut se trouver engagée, ou du moins la direction des canons devient très-difficile, tandis que l'ennemi, ayant sa batterie élevée, peut mieux diriger ses coups. D'ailleurs, si les événements du combat amènent des avaries dans la mâture de quelques vaisseaux, ils ne peuvent se soutenir en ligne, et tombent entre les mains de l'ennemi : la perte totale de l'escadre peut en résulter, puisqu'on n'a aucun moyen de fuite. Ces inconvénients n'existent donc pas quand on est sous le vent.

D'un autre côté, si l'on est au vent avec des forces supérieures, ou même à égalité de force, on peut profiter des intervalles qui peuvent se former dans la ligne ennemie, et, par un mouvement rapide, couper la ligne et écraser un certain nombre de vaisseaux. D'ailleurs, cette position donne le moyen d'attaquer son ennemi aussi près que possible, de porter tous ses efforts, soit sur l'avant-garde ou l'arrière-garde, de manière que si l'ennemi ne manœuvroit pas avec habileté, il pourroit éprouver de grandes pertes.

(B)

M. le comte d'Estaing peut servir à prouver combien l'expérience de la mer est nécessaire. N'ayant d'autres connoissances de la marine que celles qu'il avoit pu acquérir comme passager dans ses voyages aux Indes, et celles qu'il avoit pu acquérir en faisant son apprentissage de marin dans un commandement de vaisseaux, il revenoit de Cadix avec une escadre destinée à croiser dans la Manche, après s'être approvisionné à Brest. Il voulut s'obstiner à longer les côtes d'Espagne et de Portugal, malgré qu'il fût reconnu que, dans le printemps, les vents sont toujours le nord et le nord-est. Il lui fallut deux mois pour une traversée qui auroit pu se faire dans dix jours, en se portant dans l'ouest ou le nord-ouest, pour chercher les vents variables qui l'eussent conduit promptement à Brest. Le but de la campagne fut manqué.

(C)

En 1788, l'escadre d'évolutions sous les ordres de M. le marquis de Rieul, étoit composée de vingt trois bâtiments. Après notre sortie de Brest, le général, desirant connoître la marche des divers bâtiments, ordonna une chasse générale *grand largue.* J'étois embarqué sur la frégate *l'Iphigénie*, qui avoit acquis une grande réputation de marche dans la guerre de l'indépendance. Le signal fait, toute l'escadre se couvre de voiles; mais, à notre grand étonnement, *l'Iphigénie* voyoit tous les bâtiments la dépasser. Le capitaine essaya alors de faire transporter sur l'arrière de la frégate tous les poids disponibles; l'équipage entier se réunit même en masse dans cette partie. A peine avions-nous terminé ces arrangements, que l'on vit *l'Iphigénie* acquérir une vitesse telle, que nous atteignîmes promptement les vaisseaux de tête, et qu'à six heures du soir, nous les avions dépassés de plusieurs lieues : nous n'apercevions alors que le haut des mâts du vaisseau amiral. Cette supériorité de marche se soutint pendant quelques mois; mais, à mesure que la frégate s'allégeoit par la consommation des vivres, nous observâmes une diminution de marche.

Dans cette même campagne, nous rencontrâmes en mer la frégate anglaise *la Perle*, renommée par sa marche supérieure. Le capitaine anglais, connoissant la réputation de *l'Iphigénie*, nous demanda de lui faire la faveur d'essayer la marche des deux frégates; notre capitaine accepta l'offre avec plaisir et en loyal chevalier. Le capitaine anglais eut le choix de l'allure qui lui conviendroit le mieux. Au signal qu'il nous fit, nous nous couvrîmes de voiles, courant *vent largue*, et avec une telle supériorité de marche, qu'après trois heures de chasse nous mîmes en panne pour attendre la frégate anglaise. Nous nous séparâmes, après avoir échangé des compliments et des politesses.

(D)

Si les cordages anglais sont meilleurs que les nôtres, j'oserai croire que notre système de gréement, peut-être moins élégant, est supérieur au leur. Je citerai un fait comme preuve.

En 1787, par suite de cet engouement pour tout ce qui étoit anglais, le comte de Kersaint, excellent officier et très-anglomane, obtint du ministre de la marine la permission d'armer un vaisseau de 74, et de le gréer selon la méthode anglaise. On lui donna carte blanche : il dirigea tout lui-même, fit venir des modèles d'Angleterre, et parvint à procurer à son gréement une forme élégante et légère. Le ministre fit armer et gréer à la manière française un autre vaisseau de 74, et ordonna des essais comparatifs. Voici quels en furent les résultats : il n'y eut qu'au plus près du vent que le vaisseau *le Léopard*, monté par M. de Kersaint, put obtenir un léger avantage sur l'autre vaisseau. A toutes les autres allures, une supériorité de marche remarquable décida la question en faveur du système de gréement français.

(E)

Des idées superstitieuses peuvent quelquefois augmenter la confiance des matelots dans leur chef. Le bailli de Suffren en fournit un exemple. Son équipage du vaisseau *le Héros*, si brave et si dévoué, auroit perdu toute son ardeur, s'il n'avoit aperçu sur la tête de son amiral un vieux chapeau gris qui, selon lui, devoit le préserver de tout accident. Il n'est pas très-certain que M. de Suffren ne partageât un peu la croyance de ses matelots. Ce n'étoit pas sans doute le chapeau gris du bailli de Suffren qui l'avoit préservé de la plus légère blessure, quoiqu'il eût essuyé un grand nombre de combats meurtriers, et qu'il fût d'une grosseur remarquable, mais bien le bonheur qui l'accompagnoit partout. La fortune comme la gloire lui furent toujours fidèles, et, pour terminer sa vie aussi heureusement qu'il l'avait parcourue, il mourut au moment que la révolution alloit détruire cette monarchie et cet ordre de Malte qu'il avoit si bien servis et honorés

On pourroit citer comme contraste à un bonheur si constant la vie malheureuse d'un autre officier de la marine, du marquis de Marigny aîné. Excellent officier, il avoit commandé sept fois des bâtiments de guerre, et il n'avoit jamais pu les ramener en France. Les tempêtes, le feu, les naufrages, avoient successivement été la cause de la perte de ses vaisseaux; et, pour terminer sa carrière malheureuse, il faisoit partie de l'escadre du comte de Grasse au combat du 12 avril : il se battit avec un grand courage, eut les deux jambes emportées, et finit par sauter en l'air avec son vaisseau. A coup sûr, le cardinal Mazarin ne l'auroit pas employé.

(F)

Pour prouver que les Anglais n'ont pas fait faire, dans ces derniers temps, de grands progrès à la science navale, il suffiroit d'examiner, d'après les principes, les deux combats célèbres de Trafalgar et d'Aboukir. Il seroit peut-être facile de prouver que, dans le premier, le désordre de l'escadre combinée a fourni à l'amiral Nelson un moyen facile d'attaquer son ennemi avec des forces supérieures.

Quant au combat d'Aboukir, l'amiral anglais, en essayant de passer entre l'îlot et le chef de file de l'escadre française, dut présumer la négligence de l'amiral Brueis, dont le premier soin eût dû être de s'assurer positivement que le passage étoit impraticable. C'étoit une grande faute sans doute; mais elle n'étoit pas irréparable. Comment se fit-il que, du moment que les premiers vaisseaux anglais eurent doublé notre avant-garde, l'amiral français ne fit pas le signal de couper les câbles pour recevoir le combat à la voile? Rien ne s'y opposoit, et cette manœuvre rendoit alors l'issue du combat incertaine.

On se demande encore comment l'arrière-garde, qui ne fut pas attaquée le premier jour, ne mit pas à la voile pour aller au secours du reste de l'escadre, et combattre avec des vaisseaux frais les vaisseaux ennemis, dont plusieurs avoient éprouvé des avaries?

Au reste, en me permettant de jeter une sorte de blâme sur la conduite de quelques marins, je ne le fais que d'après des documents qui peuvent bien n'être pas exacts, et il seroit possible que des raisons puissantes eussent pu justifier les événements de cette journée fatale. Sans la négligence inconcevable de l'amiral français, l'effet de la bataille eût été une perte d'hommes des deux côtés. Ainsi, sous le rapport de la science navale, ce succès brillant de Nelson a été peu utile.

(G)

La possession de la Louisiane eût pu seule nous dédommager de la perte de Saint-Domingue, de cette belle colonie, où nous avions défriché, dans l'espace de cent vingt ans, quinze cents lieues de terrain.

Pour donner une idée de la richesse et de l'importance de cette colonie, je me contenterai de faire connoître les établissements que nous y avions formés.

En 1789, nous y avions :

900 sucreries,
300 caféteries,
800 cotonneries,
3,000 indigoteries,
50 cacaoteries,
et 700 fabriques de tafia.

Ces établissements étoient estimés 320 millions ; et si l'on y ajoute un milliard 137 millions pour la valeur des esclaves, on pourra se faire une idée de l'importance de Saint-Domingue et de la grandeur de notre perte.

Quinze cents bâtiments étoient employés à son commerce. Six millions d'hommes vivoient du mouvement commercial de Saint-Domingue, et, avec l'accroissement dont sa culture étoit susceptible, cette admirable industrie alloit atteindre à un degré de prospérité incroyable. Sa population se composoit de 500,000 nègres, 50,000 hommes de couleur esclaves ou libres, et 40,000 blancs.

Toutes ces richesses ont été sacrifiées à un principe.

(H)

En 1786, me trouvant à bord d'un vaisseau de 74, sur les côtes de Bretagne, nous éprouvâmes une violente tempête du sud-ouest; nous fûmes même en danger de périr, corps et biens, sur une ligne de rescifs où la violence du vent nous portoit, et, dans le même moment, à notre grande surprise, nous voyions passer auprès de nous des chasse-marées qui naviguoient, malgré la tempête, avec autant d'intrépidité que d'assurance.

(I)

On parle sans cesse de la liberté du peuple anglais; mais on ne devroit citer que les classes supérieures; car, pour ce qu'on appelle le peuple, la presse pour la marine est une singulière liberté, que bien peu de peuples supporteroient, et auprès de laquelle la conscription de Buonaparte paroîtroit une mesure philantropique. Aussi, à quelle vexation et à quelle immoralité n'entraîne-t-elle pas l'administration! Ces anglais, si libres, une fois enlevés (*pressés*) pour le service de la marine, ne peuvent plus descendre sur le sol de la vieille Angleterre. Arrivent-ils dans un port anglais, l'amirauté envoie à bord de chaque vaisseau un certain nombre de filles publiques qui facilitent aux matelots le moyen de se défaire de leurs économies, et leur font oublier, dans une vie dissolue et honteuse, le bonheur qu'attachent tous les hommes, de quelque classe qu'ils soient, à revoir les lieux où ils sont nés.

Le Français ne supporteroit pas plus une telle liberté, qu'il n'apprécieroit le droit, un peu sauvage, d'assommer avec des pommes de terre les honorables prétendants qui viennent sur le *Husting* haranguer le peuple anglais, et lui demander son suffrage.

FIN.

www.ingramcontent.com/pod-product-compliance
Ingram Content Group UK Ltd.
Pitfield, Milton Keynes, MK11 3LW, UK
UKHW020209200726
13856UKWH00004B/1271

9 782011 927125